AF152594

BEI GRIN MACHT SICH IHR WISSEN BEZAHLT

- Wir veröffentlichen Ihre Hausarbeit,
  Bachelor- und Masterarbeit

- Ihr eigenes eBook und Buch -
  weltweit in allen wichtigen Shops

- Verdienen Sie an jedem Verkauf

Jetzt bei www.GRIN.com hochladen
und kostenlos publizieren

Bibliografische Information der Deutschen Nationalbibliothek:

Die Deutsche Bibliothek verzeichnet diese Publikation in der Deutschen National-
bibliografie; detaillierte bibliografische Daten sind im Internet über http://dnb.d-
nb.de/ abrufbar.

Impressum:

Copyright © 2009 GRIN Verlag, Open Publishing GmbH
Druck und Bindung: Books on Demand GmbH, Norderstedt Germany
ISBN: 9783640492039

Dieses Buch bei GRIN:

http://www.grin.com/de/e-book/139199/der-digitale-zettelkasten

Eric A. Leuer

Der digitale Zettelkasten

Möglichkeiten, Nutzen und Grenzen von Bibliographix für die Geschichtswissenschaften

GRIN Verlag

GRIN - Your knowledge has value

Der GRIN Verlag publiziert seit 1998 wissenschaftliche Arbeiten von Studenten, Hochschullehrern und anderen Akademikern als eBook und gedrucktes Buch. Die Verlagswebsite www.grin.com ist die ideale Plattform zur Veröffentlichung von Hausarbeiten, Abschlussarbeiten, wissenschaftlichen Aufsätzen, Dissertationen und Fachbüchern.

Besuchen Sie uns im Internet:

http://www.grin.com/

http://www.facebook.com/grincom

http://www.twitter.com/grin_com

Eric A. Leuer

Digitale Arbeitstechniken für Historikerinnen und Historiker.

Potentiale und Perspektiven

Sommersemester 2009

Kursarbeit

Der digitale Zettelkasten.

Möglichkeiten, Nutzen und Grenzen von Bibliographix für die Geschichtswissenschaften

Inhaltsverzeichnis

I. Einleitung

Als ich mein Studium der Geschichtswissenschaft im Wintersemester 2002 / 2003 an der Universität Bonn begann, machte ich direkt die Erfahrung mit dem wichtigsten propädeutischem Handwerkszeug des Historikers, dem Bibliographieren. Im Idealfall nahm das Bibliographieren die Gestalt eines Bibliographie-Bandes an, der jedoch in den seltensten Fällen, dem aktuellen Stand entsprach. Vielmehr nahm der Vorgang des Bibliographierens die Gestalt eines großen, braunen Holzkastens an, dem Zettelkasten, einem mühsam gepflegten Karteikartensystem, dessen Logik sich nur selten in voller Gänze erschloss. Er war nicht nur mühsam zu handhaben, sondern führte bei großem zeitlichem Aufwand, selten zu einem ertragreichen Ergebnis.

Mittlerweile, haben sich die Möglichkeiten eines raschen Bibliographierens mit dem Fortschritt im Bereich der digitalen Medien radikal verändert. Kataloge wie die OPAC – Systeme, der Karlsruher Virtuelle Katalog und das Zentralverzeichnis Antiquarischer Bücher machen es möglich innerhalb weniger Minuten eine Unmenge an vermeintlich passender Literatur zu bibliographieren. Doch diese digitalen Möglichkeiten führen nun zu einem Überschuss an Literatur, die Auswahl der treffenden Bücher wird zur Schwierigkeit, welche Literatur ist brauchbar, welche nur durch falsche Einpflegung in das Ergebnis gerutscht und welche vollends unbrauchbar?

Es stellt sich also ausgehend vom Beispiel des Bibliographierens die Frage inwieweit die Möglichkeiten der digitalen Medien ein Fluch oder Segen sind. Abhilfe in diesem Dilemma sollen so genannte Bibliographiertools geben, Literaturverwaltungsprogramme, die für den Nutzer mitdenken und ihm ein gros an Arbeit ersparen oder ihm diese zumindest erleichtern.
Aber auch hier stellen sich wieder Fragen. Sind solche Programme Nutzerfreundlich und leicht zu bedienen? Werden alle Anwendungen solcher Programme auch vernünftig vermittelt, so dass der Nutzer sie umfassend ausschöpfen kann? Wie und unter welchen Kriterien arbeiten diese Programme und was können sie überhaupt leisten?

Diese Frage soll hier auf das Programm Bibliographix 7.0 bezogen werden, einem Literaturverwaltungsprogramm, dessen Auswahl zufällig geschah, um so das Verhalten eines Nutzers nachvollziehen zu können, der sich eben ganz subjektiv für ein Produkt entscheidet.

II. Entwicklung und Aufbau

Bibliographix wurde 1991 von Olaf Winkelhakel und Markus Schäfer geboren. Beide griffen im Rahmen ihrer Promotion die Idee des Zettelkastens auf und wollten ihn optimieren. Auch sie sahen die Probleme des "herkömmlichen" Zettelkastens und hielten ihn für größere wissenschaftliche Arbeiten als vollkommen unbrauchbar. Der "kontinuierliche Publikationsfluss" fehlte ihnen. Beide sahen den Punkt der Literaturverwaltung jedoch als Teil des gesamten Prozesses des Schreibens wissenschaftlicher Texte und waren der Meinung, dass eine Literaturverwaltung als Bestandteil diesen Prozesses in ihn eingefügt sein müsse.

Als Beginn des Prozesses nennen Winkelhakel und Schäfer die Entwicklung einer Idee, weshalb sie einen so genannten Ideenmanager in das Programm einbauten. Dies wollten sie deshalb um einerseits Literatur und eigene Ideen unmittelbar in ein und demselben Programm verknüpfen zu können. Außerdem versuchten sie eine Kreativitätssoftware mit einzubringen, welche die positiven Eigenschaften von Mindmaps und Outline-Software vereint. In der „schwammigen" Phase eines Projekts solle somit die Idee noch nicht zu früh strukturiert werden, sondern erst dann wenn sie „reif" dazu sei.

Schließlich griffen sie auf den Aspekt der Onlinevernetzung zurück und bauten ein Bibliotheksmodul in ihr Programm ein. Somit versuchen Winkelhakel und Schäfer, stets den aktuellen Stand der Forschung mittels Vernetzung zu den Bibliotheken zu garantieren und diesen aktuellen Forschungsstand direkt in Bibliographix und somit das Forschungsprojekt des Nutzers zu importieren.
Auch die Zitierrichtlinien sind weitläufig durchdacht. 250 Richtlinien sind bereits vordefiniert, diese können darüber hinaus verändert oder neu erstellt werden.

Als Systemvoraussetzungen bauten sie das landläufig benutzte Microsoft Windows 2000 / XP / Vista. Dies schließt zwar die Nutzung mit Apple Computern aus, mittels der Windows-Emulatoren Win4Lin und WINE ist Bibliographix jedoch auch für Linux und somit auch Apple nutzbar.
Der benötigte Speicherplatz ist mit mindestens 16 MB nicht gering, für ein Programm des entsprechenden Umfangs jedoch passend und auch nicht problematisch für jeden vernünftig gewarteten Rechner.

III. Was kann Bibliographix?

Dateneingabe

Gibt man neue Daten in Bilbliographix ein, erstellt das Programm automatische eine neue Identifikationsnummer für jeden neu eingegebenen Datensatz. Dabei wird automatisch einer von 16 Arten von Publikationen ausgewählt. Durch spezielle Kürzel werden dabei Formatierungsvorgaben umgangen, mittels zusätzlicher Einschränkungen die im Handbuch Erwähnung finden soll die Geschwindigkeit bei der Suche nach neuen Daten nicht unnötig verringert werden. Literaturquellen, denen keine Schlagworte zugeordnet sind, werden als solche automatisch markiert. Wurde ein Publikationstyp ausgewählt, werden automatisch alle ungebrauchten Felder grau ausgeblendet. Rechtschreibprüfungen sind in Deutscher und Englischer Sprache möglich, eine Erweiterung via Download ist möglich.

Nachteilhaft ist jedoch, dass es keinerlei Freifelder gibt, die bearbeitbar sind. Begründet wird dies durch die Kompatibilität der Daten zum Austausch mit anderen Programmen. Insbesondere ist hier die Vernetzung durch das Feld „BibTex Key" zu nennen. Es erstellt temporäre Quellenhinweise und ermöglicht so eine Arbeit mit dem Texteditor LATEX.

Zusätzlich können aus den Datenfeldern „Schlagwort", „Verlag", „Autor" und „Zeitschrift" die eingegebenen Begriffe übernommen werden. Eine Suche ist jedoch nur im Feld „Schlagwort" möglich.

Ideen- und Wissensverwaltung

Unterstützend zur Verwaltung der Literatur und Zitationen, erstellt Bibliographix Querverweise und erleichtert so den Aufbau von Projekten. Jeder angelegte Datensatz kann durch weitere Informationen, seien es Zitate oder Anmerkungen, weiter präzisiert und vielseitig gestaltet werden. Hinzu kommt der „Ideenmanager". Der eingegebene Gedankengang kann hier, um die Verknüpfung zum Thema nicht zu verlieren, mit Verweisen zu den entsprechenden Quellen, anderen Ideen oder auch Zitaten verbunden werden. Außerdem kann man den Ideen entsprechende Schlagworte zuweisen, schließlich ist es möglich durch entsprechende Strukturierungen die Ideen an Kapitel oder Absätze zuzuweisen. Eine Suchfunktion ermöglicht das Auffinden nach Titel, Schlagwort und Volltext.

In jedem Datenfeld kann weiterhin eine globale Veränderung vorgenommen werden. Datensätze können so rasch miteinander abgeglichen werden, allerdings besteht die Gefahr bei Titeln und Autoren eine zu rasche Abgleichung vorzunehmen. Nachteilig ist hier, dass keine Markierungen bei den Veränderungen getätigt werden können.

Recherche, Referenzen und Import von Daten

Bibliographix kennt drei Formen der internen Suche, eine Standardsuche, eine Schlagwortsuche und eine Erweiterte Suche. Die Standardsuche bezieht sich auf alle im Programm getätigten Eintragungen, entweder allumfassend oder auf ausgewählte Felder beschränkt. Gleiches gilt für die Schlagwortsuche, die sich eben auf die vorhandene „Tags" bezieht. Interessanter sind die Funktionen der erweiterten Suche, die über das „gewöhnliche" Maß von Suchfunktionen hinausgeht. Sie lehnt sich an dem Prinzip der erweiterten Google-Suche an: Die aufgebaute Datenbank kann nach selbstgewählten Parametern durchsucht werden, sei es mit allen, nur bestimmten, oder keinem der Wörter. Eine entsprechend groß differenzierte Suche ist also möglich. Auch die Recherche ist über Bibliographix umfangreich möglich. Sobald eine Internet-Verbindung besteht, kann Bibliographix auf eine Fülle von Bibliothekskatalogen und Datenbanken zurückgreifen. Zusätzlich bestehen Verknüpfungen zu wichtigen Suchmaschinen wie Scholar-Google und Social-Bookmarking-Diensten wie CiteULike. Diese werden dann Im Browser angezeigt, zumeist können die Metadaten direkt importiert, ansonsten aber einfach mit copy & paste in Bibliographix eingefügt werden.

Erstellen von Bibliographien und Zitationen

Bibliographix verfügt bereits über ca. 250 Zitierrichtlinen, die zusätzlich verändert oder zusätzlich neu erstellt werden können. Dabei werden Microsoft Word, HTML, Open Office und LATEX ohne weiteres unterstützt, was fast ausnahmsloser Kompatibilität gleichkommt. Automatisch können sämtliche Zitationen zu einer Bibliographie zusammengefasst werden. Fügt man anschließend Zitationen in seinen Text ein, setzt Bibliographix automatisch einen Platzhalter, der am Ende der Arbeit einheitlich formatiert werden kann. Die Erstellung des Literaturanhanges geschieht gleichzeitig automatisch, so dass auch hier wieder Mühe gespart wird. Zur Einfügung von Quellennachweisen in LATEX, speichert Bibliographix diese in der Zwischenablage, von wo aus sie mit dem LATEX Editor weiter bearbeitet werden.

IV. Ergebnis

Keine Frage, Bibliographix ist von Nutzern entsprechend den Anforderungen an ein wissenschaftliches Literaturverwaltungsprogramm entwickelt worden. Es deckt einen weitläufigen Umfang der sinnvollen Funktionen ab, die wissenschaftliche (Schreib)Arbeit um einiges erleichtern und beschleunigen. Durch die Aufteilung in Projekte und die Nutzung des Ideenmanagers erleichtert es den Überblick über eigene Projekte, zusätzliche können Verknüpfungen zu Quellen erstellt, sowie Ideen mit „tags" verbunden werden.

Der Einfall des Ideenmanagers ist prinzipiell nicht schlecht, jedoch ist zu bezweifeln ob er in seiner Umsetzung jedem Nutzer etwas bringt. Dennoch ist er als Bonus zu sehen, da er nicht weiter schadet.
Problematisch ist auch, dass zahlreiche Verbindungsdateien in der Online-Recherche veraltet sind. Bibliographix GbR bittet hier um Meldung dieser toten Dateien um das Programm verbessern zu können. Fraglich nur, wie oft dieses tatsächlich der Fall ist.

Die Bedienung von Bibliographix ist einfach und für die User von Windows entsprechend passend. Wichtig ist aber bei den zahlreichen Möglichkeiten des Programms, dass entweder das Handbuch gründlich durchgearbeitet oder eine Schulung zu dem Programm durchgeführt wird. Andernfalls wird ein Großteil der Möglichkeiten wohl ungenutzt bleiben.
Für Bibliographix spricht auch, dass es bereits an mehreren Universitäten zum Einsatz kommt, nämlich Konstanz, Marburg, Oldenburg und Dortmund.
Auch das Handbuch ist in gut verständlichem Deutsch geschrieben und ist leicht zu lesen. Dazu kommen zusätzliche Vorschläge zum Austausch mit anderen Formaten.

Alles in allem gelingt es Bibliographix die notwendigen Prozesse wissenschaftlicher, bibliographischer Arbeit in seiner Gänze für den Nutzer zu vereinfachen. Somit kann viel Zeit und Mühe gespart werden, außerdem ergibt sich durch die automatische Literaturverwaltung die Möglichkeit die eigene Literatur Projektübergreifend zu verwalten. Richtig gemacht, wird man also nie wieder Literatur „vergessen" die man bei anderen Arbeiten benötigte.

V. Perspektiven und Erwartungen von Bibliographiertools

Wie am Beispiel von Bibliographix zu sehen ist, bilden Bibliographiertools nur einen Baustein auf der Weiterentwicklung der Bibliothek vom herkömmlichen System zur Bibliothek 2.0. Literaturverwaltungssysteme vereinfachen wissenschaftliches Arbeiten nicht nur durch die „klassischen" Hilfestellungen bei Verwaltung der Literatur und dem einfachen einfügen von Zitationen und Quellennachweisen in den Text. Zusätzliche Organisationsmittel, wie der „Ideenmanager" aber auch Zeit-Management-Anwendungen greifen auch an den Rahmenbedingungen für die wissenschaftliche Arbeit. Außerdem werden zumeist internationale Bibliotheksprogramme mit den Programmen vernetzt. Die Hersteller versuchen zusätzlich umfassende Verbesserungen in ihren Programmen vorzunehmen um nach wie vor auf der Höhe der technischen Entwicklung aber auch die Aktualität der Publikationen zu berücksichtigen. Zusätzlich können die Nutzer ihre eigenen Ideen mit einbringen, Berichte aus der Praxis fördern so die zusätzliche Optimierung der Programme.

Ein zweite Schnittstelle bilden Social-Bookmarking-Dienste, die in der Vernetzung noch wesentlich weiter gehen. Mit ihrer Hilfe können onlinebasierte Dokumente einfach verwaltet werden, in Kombination mit Literaturverwaltungsprogrammen lässt sich der entsprechende Datenfluss einfach in die eigene wissenschaftliche Arbeit integrieren.

Zumeist bieten zahlreiche Bibliotheken ihren Nutzern bereits solche Programme zur Nutzung neben den üblichen Zugängen zu Datenbänken, Zeitschriften und Katalogen an. Zusätzlich arbeiten sie häufig mit Social-Bookmarking-Diensten zusammen um bibliographische Angaben optimal dem Nutzer zur Verfügung zu stellen.

Bibliotheken haben ihr dringliches Augenmerk stets darauf, möglichst benutzerfreundlich zu sein (oder sollten es zumindest haben). Eine Bibliothek, die nicht in der Lage ist ihr Wissen einfach an den Nutzer weiterzugeben, ist uninteressant, bringt wenig Freude beim bibliographieren und hat ihre Sinn schlichtweg verfehlt.

Die Masse an Informationen die durch die rasche Weiterentwicklung der digitalen Medien an die Nutzer fließt, entspricht dem Gegenteil der Verwahrung des Wissens durch einige wenige. Wer nicht weiß, welche Quelle von ca. 1.000 im OPAC gefundenen die richtige ist, steht genauso hilflos da, wie derjenige der gar keine findet.

Literaturverwaltungsprogramme könnten bei einer entsprechend nutzernahen Weiterentwicklung und idealer Zusammenarbeit mit den Schnittstellen Bibliothek, Internet und Social-Bookmarking eine wichtige Rolle einnehmen und die Antwort auf die Frage sein, wer die immer größer werdende Flut an Informationen verwaltet.

Dass diese Rolle (auch) dem Historiker zukommt, steht außer Frage, aber selbst Historiker sind nur normale Menschen, die bei immer größer werdendem Informationszuwachs Werkzeuge zur Verwaltung und Selektion des Wissens benötigen.

Die Weiterentwicklung der digitalen Hilfsmittel liegt aber gleichzeitig auch an der Weiterentwicklung von Geschichtswissenschaft und Bibliotheken. Um die neue Menge an Arbeit zu bewältigen müssen sich diese den neuen Hilfsmitteln einerseits öffnen und andererseits die Verwendung in ihre Propädeutik mit aufnehmen, um mit der schneller fortschreitenden Entwicklung schritt halten zu können. Dann ist der Weg zur Bibliothek 2.0 in der Programme wie Bibliographix eine wichtige Rolle spielen ein leichter.

Die Ergebnisse wissenschaftlicher Arbeit werden somit ertragreicher und wesentlich globaler, vernetzter und inhaltlich umfassender sein. Gleichzeitig werden sie ein größeres Publikum erreichen und somit den Ergebnissen eine größere Tragweite geben können.

VII. Literatur

- Bibliographix GbR, Handbuch zu Bibliographix 7.0,
http://manual7.mybibliographix.de/index.php?n=Einleitung/HandbuchInhaltsverzeichnis , Stand:
19. Oktober 2009, 13.30 Uhr.

- Bodendorf, Freimut, Daten- und Wissensmanagement, Berlin, 2003.

- Brommer, Christian, "Literaturverwaltungssysteme",
http://www.biochem.mpg.de/en/sg/ivs/Bibliographic_Management/index.html , Stand: 19.Oktober
2009, 14:15 Uhr.

- Krajewski, Markus, Elektronische Literaturverwaltungen. Kleiner Katalog von Merkmalen und
Möglichkeiten, in: Norbert Franck und Joachim Stary (Hrsg.), *Technik wissenschaftlichen Arbeitens*
Paderborn, 2003, S. 97-115. Siehe auch: http://www.verzetteln.de/LiteraturVerwaltung.pdf , Stand:
19. Oktober 2009, 18:30 Uhr.

- Krajewski, Markus, Zettelwirtschaft. Die Geburt der Kartei aus dem Geiste der Bibliothek, Berlin,
2002. Siehe auch: http://www.uni-weimar.de/medien/kulturtechniken/publikationen/zw.html , Stand:
19. Oktober 2009, 18:30 Uhr.

- Kramer, Andre, Frustfrei texten, in: c't – magazin für computertechnik, 4/2007 S. 138.

- Software-Kollektion "Wissenschaft und Technik", in: c't – magazin für computertechnik, 10/2009
S. 116.

- Wiegand, Dorothee, Gut zitiert ist halb geschrieben, in: c't – magazin für computertechnik, 7/2006
S. 160.

BEI GRIN MACHT SICH IHR WISSEN BEZAHLT

- Wir veröffentlichen Ihre Hausarbeit, Bachelor- und Masterarbeit

- Ihr eigenes eBook und Buch - weltweit in allen wichtigen Shops

- Verdienen Sie an jedem Verkauf

Jetzt bei www.GRIN.com hochladen und kostenlos publizieren